BEI GRIN MACHT SICH IHR WISSEN BEZAHLT

- Wir veröffentlichen Ihre Hausarbeit, Bachelor- und Masterarbeit

- Ihr eigenes eBook und Buch - weltweit in allen wichtigen Shops

- Verdienen Sie an jedem Verkauf

Jetzt bei www.GRIN.com hochladen und kostenlos publizieren

Bibliografische Information der Deutschen Nationalbibliothek:

Die Deutsche Bibliothek verzeichnet diese Publikation in der Deutschen Nationalbibliografie; detaillierte bibliografische Daten sind im Internet über http://dnb.d-nb.de/ abrufbar.

Dieses Werk sowie alle darin enthaltenen einzelnen Beiträge und Abbildungen sind urheberrechtlich geschützt. Jede Verwertung, die nicht ausdrücklich vom Urheberrechtsschutz zugelassen ist, bedarf der vorherigen Zustimmung des Verlages. Das gilt insbesondere für Vervielfältigungen, Bearbeitungen, Übersetzungen, Mikroverfilmungen, Auswertungen durch Datenbanken und für die Einspeicherung und Verarbeitung in elektronische Systeme. Alle Rechte, auch die des auszugsweisen Nachdrucks, der fotomechanischen Wiedergabe (einschließlich Mikrokopie) sowie der Auswertung durch Datenbanken oder ähnliche Einrichtungen, vorbehalten.

Impressum:

Copyright © 2017 GRIN Verlag, Open Publishing GmbH
Druck und Bindung: Books on Demand GmbH, Norderstedt Germany
ISBN: 9783668406377

Dieses Buch bei GRIN:

http://www.grin.com/de/e-book/354249/der-aufstieg-der-terrororganisation-islamischer-staat

Anonym

Der Aufstieg der Terrororganisation "Islamischer Staat"

GRIN Verlag

GRIN - Your knowledge has value

Der GRIN Verlag publiziert seit 1998 wissenschaftliche Arbeiten von Studenten, Hochschullehrern und anderen Akademikern als eBook und gedrucktes Buch. Die Verlagswebsite www.grin.com ist die ideale Plattform zur Veröffentlichung von Hausarbeiten, Abschlussarbeiten, wissenschaftlichen Aufsätzen, Dissertationen und Fachbüchern.

Besuchen Sie uns im Internet:

http://www.grin.com/

http://www.facebook.com/grincom

http://www.twitter.com/grin_com

Inhalt

Was ist der Islamische Staat? 2

Wie entstand der Islamische Staat? 2

Welche Ziele verfolgt der IS? 5

Wie finanziert sich der IS? 5

Wie wirkt sich der IS auf die EU aus? 6

Wer bekämpft den IS militärisch? 7

Deutschland gegen den IS 8

Fazit 8

23.01.2017

Der Aufstieg der Terrororganisation IS

Eine langfristige Gefahr für Europa oder sogar für die Welt?

Was ist der Islamische Staat?
Der IS, oder auch Islamischer Staat, ist eine islamistische Terrororganisation, die sich zu einer radikalen Auslegung des sunnitischen Islams bekennen. Er entstand aus dem irakischen Terrornetzwerk al-Qaida und beherrscht zurzeit Gebiete aus Syrien und des Iraks, wo sie am 29. Juni 2014 ein sogenanntes „Kalifat" ausgerufen haben. Das Ziel des Kalifats ist es, dieses über die Staaten Syrien, Irak, Libanon, Israel, Palästina und Jordanien auszubreiten. Außerdem will sich der IS in den Gebieten des Kalifats streng nach den Gesetzen der Scharia halten. Diese besagt zum Beispiel das Tragen von Schleiern, was die Anhänger des IS oftmals mit der Todesstrafe Frauen aufzwingen wollen. Bisher lässt sich die Zahl der Anhänger nur schätzen, wobei manche von einigen zehntausend andere von mehreren hunderttausend sprechen.

Wie entstand der Islamische Staat?
Schon von Grund auf ist die Glaubensrichtung des Islams in zwei große verschiedene Parteien unterteilt. Zum einen die „Schiiten" und zum anderen die „Sunniten". Größtenteils sind die Sunniten in der Überzahl. Allerdings ist in Ländern wie dem Irak und dem Iran die schiitische Glaubensrichtung in der klaren Überzahl. Daher besteht seit langer Zeit ein ständiger Konflikt zwischen diesen beiden Glaubensrichtungen.

Nachdem die Streitmacht der Vereinigten Staaten im Jahr 2011 nach 8 Jahren den Irak verlassen hat, und das Terrornetzwerk al-Qaida nur noch aus wenigen Mitgliedern bestand, erklärt Barack Obama den Irak zu einem „demokratischen" und selbstständigen Irak. Während der damalige irakische Ministerpräsident Nuri al-Maliki zu einem Besuch im Weißen Haus war, wurde er benachrichtigt, dass die Leibwächter von dem sunnitischem Politiker Tariq al-Haschimi einen Anschlag auf Schiiten ausüben wollten, worauf Maliki wieder zurück in den Irak reiste. Da Maliki mit der Hilfe von Obama wieder gestärkt wurde und er selbst ein schiitischer Politiker ist, hetzte er gegen den Sunniten al-Haschimi. Als Zeichen der Stärke des Iraks, versuchte Maliki al-Haschimi zu verhaften, während dieser allerdings flieht. Er selbst beteuerte, dass er mit diesen Anschlägen nicht zu tun habe, doch Maliki verurteilte diesen zum Tode. Kurz gesagt, die Schiiten wollen die Sunniten nicht an der Macht über den Irak teilhaben lassen. Während Maliki weitere Sunniten grundlos verhaftet und auf offener Straße hinrichten lässt, wird die Al-Qaida weiter aus dem Irak verdrängt. Nachdem Abu Bakr al-Baghadi nach seiner abgesessenen Haftstrafe wieder freikommt, schließt sich dieser wieder der al-Qaida an. Dieser regt die al-Qaida dazu an nach Syrien vorzudringen um dort die Assad- Regierung zu stürzen. Durch die ankommende Bedrohung der al-Qaida, fliehen zahlreiche Syrer aus ihren Städten, was der al-Qaida wiederum mehr Platz gewährt. In diesem Zusammenhang rekrutierte die al-Qaida viele neue Anhänger ebenso wie sunnitische Rebellen, die aufgrund Malikis Machenschaften auf einen Bürgerkrieg gegen die Schiiten hofften. Währenddessen sich die al-Qaida in Syrien wieder neu aufbaut, gibt es im Irak, genauer gesagt in sunnitischen Städten zahlreiche Demonstrationen und Proteste gegen Maliki und seine politischen Intuitionen. Sunniten aus anderen Ländern unterstützen die Proteste im Irak mit Geldspenden um die Protestlager aufrecht zu erhalten. Darunter auch ein reicher irakischer Geschäftsmann, Khamis al-Khanjar, der die Proteste mit sehr viel Geld unterstützte. Jedoch gibt es zeitgleich genauso Aufstände von Schiiten, die damit bezwecken Maliki in seinen Machenschaften zu unterstützten. Mit vorlaufender Zeit erlangt die al-Qaida mehr und mehr Stärke in Syrien, womit sie sich entschließen in den Irak zurück zu kehren.

Im Jahr 2013 übernahm die al-Qaida mehrere irakische Gefängnisse um dort weitere Anhänger zu rekrutieren. Ebenso tauchten erstmals bei sunnitischen Demonstrationen die Flaggen der al-Qaida auf. Zum ersten Mal traten Sunniten und die al-Qaida gemeinsam auf, und nannten sich „Islamischer Staat im Irak und Syrien", kurz „ISIS". Da Maliki mir der Situation gegen die ISIS überfordert war, bat er Amerika erneut um Hilfe in Form von Hellfire Raketen. Indem Maliki behauptete, dass Sunniten einen Polizisten getötet haben sollen, ging die irakische Armee nach Befehl von Maliki auf die sunnitischen Demonstranten los. Jedoch gingen sie nur gegen eigentlich friedliche Sunniten vor, was diese wiederrum noch mehr in Aufruhr versetzt. Diese Situation kam der ISIS allerdings gelegen, die versuchten viele weitere Sunniten von ihrem gewaltvollen Vorgehen zu überzeugen. Mit vielen neuen Anhängern beschloss die ISIS an den Grenzen Bagdads Gefängnisse zu übernehmen um dort die Gefangenen zu befreien. Während Maliki aber weiterhin gegen sunnitische Politiker hetzte und die irakische Armee in die Lager der Demonstranten schickte um diese zu zerstören, nutzte dies die ISIS aus und belagerte irakische Städte. Der nächste Plan war es die zweit größte Stadt des Iraks zu erobern – Mossul. Indem sie mehrere Selbstmordattentäter in das Zentrum Mossuls schickten, verließ die irakische Armee die Stadt nahezu kampflos. Dadurch, dass Amerika der irakischen Armee mehrere Waffen zur Verfügung gestellt hatte, bekam nun die ISIS diese in ihre Gewalt. Abgesehen von Handfeuerwaffen, war die ISIS nun in Besitz von mehreren militärischen Fahrzeugen wie Panzer und Panzerwagen.

Quelle:https://amepres.files.wordpress.com/2015/11/2411_22.jpg?w=474

Mit neu erlangter militärischer Macht, wanderte die ISIS weiterhin durch den Irak, eroberte Städte wie Qayyarah, al-Shirgat, Hawija und Tikrit und rekrutierte durch ihr neu gewonnenes Ansehen außerhalb des Iraks mehr und mehr Mitglieder. Zu diesen gehörten unter anderem Mitglieder aus der Baath-Partei, die damals von Saddam Husein gegründet wurde, welche als militärisch sehr erfahren gelten. Unter diesem neuen Schub an Macht, rief die ISIS am 29. Juni 2014 ein Kalifat aus, welches bedeutet, dass die ISIS nun unter dem Namen „IS" bekannt war. Das Ziel war und ist es bis heute noch einen Islamischen Staat zu gründen der über keine Grenzen verfügt. Der damalige und jetzige Anführer des IS Abu Bakr al-Baghdadi wird hierbei zum Kalifen, der als Nachfolger für Mohammed gilt. Als der IS nach und nach immer stärker wurde, vertrieben sie 2014 sogar kurdische Truppen aus dem Irak, die bis dahin als stärkste militärische Truppen galten.

23.01.2017

Welche Ziele verfolgt der IS?
Mit Ihren Propaganda Videos auf sozialen Netzwerken und ihren wiederholten Anschlägen in anderen Ländern, rückte der IS immer wieder ins Zentrum der Medien. Doch was ist die Absicht hinter solchen Methoden und was wollen sie damit bezwecken?

Dadurch dass der IS durch ihren derzeitigen Anführer Abu Bakr Al-Baghdadi das Kalifat ausgerufen hat, ist das klare beziehungsweise das wichtigste Ziel derzeit, die Stabilisierung des errichteten „pseudo" Staats. Dies dient dazu um ihr größere Ziele von dort aus besser umsetzten zu können. Zu diesen Zielen gehören unter anderem Anschläge im fernen Westen und Osten was dann wiederum zu einer Expansion des Kalifats führen soll. In ihren Augen sind nur diejenigen gläubig, die dem IS angehören. Anders als Menschen die an etwas anderes glauben, welche als Ungläubige gelten. Laut ihrer Auslegung des Korans ist es ihre Aufgabe Ungläubige umzustimmen oder zu töten, was wiederum auf die Anschläge im Osten und Westen zurückzuführen ist. Verschiedene Wissenschaftler gehen allerdings davon aus, dass der IS mit den Anschlägen etwas ganz anderes bezwecken will. Er will durch Anschläge wie zum Beispiel 2016 in Paris, Muslime aus dem Westen in eine Art „Zwickmühle" stecken. Sie sollen entweder die Wahl haben dem Westen „treu" zu bleiben, oder aber sich dem IS aus Angst anschließen. Ebenso sollen die Anschläge ein schlechtes Bild auf Muslime aus dem Westen werfen. Sicherheitsbehörden sollen so verschiedenen Muslime, wenn auch grundlos, unter Verdacht stellen und so wegsperren, was die Muslime wiederum verunsichern und deprimieren soll und sie sich so aus Frust und dem Gefühl von Ablehnung dem IS anschließen.

Wie finanziert sich der IS?
Anfangs, als der IS noch aus der Terrormiliz al-Qaida und sunnitischen Rebellen bestand, wurden diese von Spenden anderen sunnitischen Arabern unterstützt. Einer der größten Unterstützer damals war Khamis al-Khanjar, ein erfolgreicher irakischer Geschäftsmann. Über die genaue Summe gibt er keine Auskunft. Er spricht nur darüber, dass er so viel gespendet hat, wie nötig war.

Nachdem die ISIS entstand übernahmen sie erstmals Gefängnisse und überfiel Ölfelder im Irak. Durch diese Ölfelder waren sie erstmals fähig Geld auf dem Schwarzmarkt zu verdienen. Mit wachsender Gewalt und Macht der ISIS übernahmen sie auch mehr Ölfelder wodurch sie noch mehr Geld gewinnen konnten. Ebenso bekamen sie durch die Übernahmen von Städten Gelder, die sie sich gewaltsam erzwangen. Außerdem verlangen verschiedene Anhänger des IS Schutzgeld von Einwohnern, damit sie angeblich sicher sind. In den Propaganda Videos die der IS veröffentlicht, sieht man oft verschiedene Geiseln die sie gefangen genommen haben, durch diese es ihnen möglich ist von Familienmitgliedern Geld zu bekommen, indem sie diese erpressen. Nach wie vor ist eine große Einnahmequelle Spenden die sie meist anonym erhalten.

Auch wenn der IS einer der kapitalkräftigsten Terrororganisationen der Geschichte ist, haben sie dennoch nicht unbegrenzt Geld. Mit wachsenden Mitgliederanzahl, wächst auch der Geld bedarf. Die Ausgaben des IS belaufen sich schätzungsweise auf 2 Milliarden Dollar im Jahr, was nicht zuletzt auf Kriegskosten zurückzuführen ist.

Wie wirkt sich der IS auf die EU aus?

Der IS ist in den letzten Jahren immer mehr in den Fokus der Medien gerückt und konzentriert sich mit seinen Anschlägen immer mehr auf Europa. Anschläge wie in Paris im November 2015 oder in Berlin im Dezember 2016, sind nur ein Teil von Dingen die der IS in Europa vorhat.

Das aktuellste Problem das der IS Europa beschert, ist die aktuelle Flüchtlingskrise.

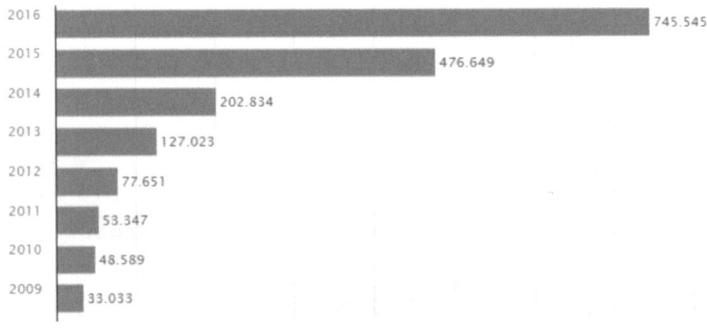

Quelle: https://de.statista.com/statistik/daten/studie/76095/umfrage/asylantraege-insgesamt-in-deutschland-seit-1995/

Seit 2009 stieg die Zahl der Asylbewerber in Deutschland um ein Vielfaches. Viele Menschen aus Syrien und dem Irak fliehen, um in einem anderen Land sicherer zu sein. Koste es was es wolle, wobei viele ihr Leben verlieren. Ebenso geht es vielen anderen europäischen Ländern die ihre Grenzen noch nicht vollkommen geschlossen haben. Anders als Deutschland haben Länder wie Schweden und Österreich ihre Grenzen massiv verstärkt um den Flüchtlingsstrom in ihrem Land zu unterbinden.

Ein anderes Problem sind die Anschläge die der IS auf europäische Länder ausübt. Gerade Länder wie Deutschland und Frankreich sind hiervon stark betroffen. Allein in Frankreich starben 2015 rund 150 Menschen bei Terroranschlägen.

Wer bekämpft den IS militärisch?
Schon seit längerer Zeit bekämpft die USA den IS mit Luftangriffen. Diese haben begonnen, als der IS die Stadt Erbil angreifen wollte, in der die USA einen Sitz hatte und welche als fortgeschrittene Stadt des Iraks gilt. Viele Konzerne wie Pepsi haben in dieser Stadt einen Standort, wodurch die USA sich bedroht fühlte. Ebenso handelt Russland seit einiger Zeit gegen den IS, indem sie diese über Luftangriffe und Langstrecken Raketen bombardieren. Dies ist nicht zuletzt ein Resultat daraus, dass ein russisches Passagierflugzeug von vermutlich islamistischen Anhängern zum Absturz gebracht wurde. In Folge dessen ruft Vladimir Putin alle möglichen Länder auf sich gegen den IS zu richten und diesen schnellst möglich zu stürzen. Frankreich schloss sich diesem Aufruf an und fing 2015 ebenso an den IS mit Luftwaffen anzugreifen, wobei nicht nur der Aufruf Putins Frankreich hierzu überredete. Frankreich war bereits mehrfach Opfer von islamistischen Anschlägen geworden, nicht nur zuletzt 2016 als ein LKW an einem Feiertag in eine Menschenmenge raste. Angrenzende Länder wie die Türkei halten sich bisher aus dem Geschehen nahezu komplett raus. Während die USA 2014 den IS erstmals bombardierte, bewachte die Türkei nur ihre Grenzen und hielt sich, aus Angst vor „Rache" versteckt. Doch nicht nur europäische Länder gehen gegen den IS vor. Jordaniens König Abduullah II kündigt massives und brutales Vorgehen gegen die Terrororganisation an.

23.01.2017

Deutschland gegen den IS
Deutschland ist eines der Länder die stark von der Terrormiliz- IS betroffen sind. Der Flüchtlingszuwachs und Anschläge in deutschen Städten müssen die Deutschen ertragen. Doch was unternimmt Deutschland gegen den IS?

Im Dezember 2015 beschloss der deutsche Bundesrat die Unterstützung von militärischen Mitteln in Syrien. 1200 Soldaten, sechs Tornado-Aufklärungsflugzeuge und ein Tankflugzeug sollen Truppen aus Russland unterstützen. Die Verteidigungsministerin Ursula von der Leyen, begründete dieses Vorgehen gegen den IS um „ihn zu bekämpfen, ihn Einzudämmen, ihm seine Rückzugsräume zu zerstören und ihm die Möglichkeit nehmen, weltweit Terroroperationen zu führen"(vgl. Ursula von der Leyen, Rede 2015). Das beschlossene Entsendemandat soll vorübergehend bis Dezember 2016 laufen und wird dann zu einem späteren Zeitpunkt gegebenenfalls verlängert. Viele Kritiker oder auch Bundesrat Mitglieder sehen diesen Eingriff als eine Gefahr für Deutschland, da es den IS provozieren könnte und somit auch das Anschlagrisiko steigt. Jedoch sieht man den Einsatz in Syrien nicht als eine Gefahr für Deutschland, sondern eine als reine Unterstützung und nicht als radikaler Bombenangriff. Die Bundeswehr rechnet sogar damit, dass der Einsatz in Syrien keineswegs bis Dezember 2016 beendet sein wird. Der Bundeswehrverband geht sogar davon aus, dass der Einsatz in Syrien jahrzehntelang andauern könnte.

Fazit
Nun bleibt dennoch die Frage, ob der IS eine langandauernde Gefahr für Europa oder sogar der Welt sein wird. Eines der Ziele des IS ist es ja den „pseudo" Staat über die ganze Welt zu expandieren. Dies ist bisher allerdings nur eine Wunschvorstellung. Zunächst einmal muss der IS ihre Stellung in Syrien und dem Irak stärken und festigen, damit sie von hieraus alle weiteren Operationen leiten können. Da sie aber schon seit längerer Zeit im Fokus von unter anderem russischen Militär steht, müssen sie erst einmal mit dieser Situation fertig werden.

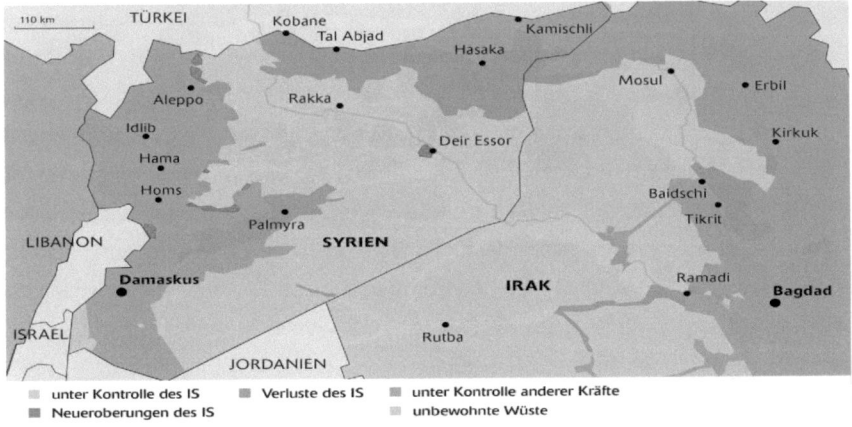

- unter Kontrolle des IS
- Neueroberungen des IS
- Verluste des IS
- unter Kontrolle anderer Kräfte
- unbewohnte Wüste

Quelle: http://www.woz.ch/-6a2f

Bereits im Laufe des Jahres 2015 musste der IS starke Gebietsverluste erleiden, was zeigt, dass der IS mit den aktuellen militärischen Gegenkräften nur schwer fertig wird. Zwar ist der IS nur noch vereinzelt in der Lage Anschläge auf europäische Länder auszuüben, dennoch wird der IS bislang eingeschränkt. Die Gebiete die er 2014 gewaltsam erlangt hat, werden ihm nun zum Teil wieder gewaltsam entrissen. Um wirklich von einer Gefahr für Europa oder überhaupt für die Welt sprechen zu könne, müsste der IS erstmals mit der Situation in ihrem „Staat" zurechtkommen.

Doch was ist wirklich effektiv gegen den IS? Diese Frage beschäftigt die letzten Jahre einen Großteil der Politiker auf der ganzen Welt. Der Islamische Staat ist in den letzten Jahren erheblich gewachsen was aber wiederum zu einem höheren Finanzbedarf führt. Eine Möglichkeit ist es zu versuchen dem IS den Geldhahn zuzudrehen. Die Haupteinnahmequelle des IS, ist der Schwarzmarkt. Durch ihre eroberten Ölfelder gelingt es dem IS eine Menge Geld zu verdienen. Ein Weg dies zu unterbinden, wäre Ölfelder, die dem IS gehören zu erobern. Da der IS aber auch auf andere, Wegen wie zum Beispiel Spenden, Geld bekommt, ist es relativ schwer ihnen den Geldhahn zuzudrehen. Eine weitere Möglichkeit ist es die irakische Armee zu unterstützen. Die irakische Armee galt bisher als nicht erfolgreich gegen den IS. Viele Male flohen sie vor dem IS. Doch die Rückeroberung Ramadis zeigt, dass in der irakischen Armee Potential steckt, dass man mit Waffen oder sogar mit mehr Soldaten unterstützen sollte. Im Allgemeinen wäre es von Vorteil, wenn sich Länder wie Deutschland, Russland und Jordanien, die als Hauptgegner des IS gelten, zusammenschließen um den IS in ihrem derzeitigen Hauptsitz in Mossul anzugreifen.

23.01.2017

Diese Rückeroberung würde eine deutliche Wunde bei den Islamisten zurück lassen. Dennoch ist es schwierig eine dauerhafte Lösung gegen den IS zu finden. Stellungen des IS werden bereits seit Monaten bombardiert, was aber nur kleine Erfolge bringt. Wenn man diese aber in einen größeren Radius bombardieren würde, würden viel unschuldige Zivilisten ihr Leben verlieren. Ein weiterer Grund warum es schwer ist den IS komplett auszulöschen, ist die große Verteilung der IS Anhänger. Der IS hat Sympathisanten in vielen verschiedenen Ländern, die sich aus Überzeugung dem IS angeschlossen haben. Selbst wenn man vermeintlich alle IS-Anhänger in Syrien und im Irak auslöschen würde, gäbe es immer noch Mitglieder die aus anderen Ländern den IS theoretisch neu aufbauen könnten.

Meiner Meinung nach kann man NOCH nicht von einer großen Gefahr für Europa sprechen. Zwar schüchtert der IS viele Leute mit ihren Anschlägen ein, um jedoch ihr Kalifat zu expandieren, fehlt es ihnen an einem erfahrenem Militär. Durch die Eroberung Tikrits haben sie Anhänger der damaligen Baath-Partei gewonnen, allerdings sind diese zahlenmäßig nicht groß genug um eine starke Armee aufzubauen. Wenn der IS ihren pseudo Staat weiter expandieren wollen, benötigen sie eine Armee die zum Beispiel gegen Russland oder Deutschland ankommt. Für eine große Gefahr für die komplette Welt kann man noch lange nicht sprechen, da sie seit zwei Jahren nur im Irak und Syrien ihre Gebiet vergrößern. Wenn militärische Mächte wie die USA den IS weiterhin so eingrenzen wie sie es bisher tun, wird die Terrororganisation IS bald nur noch ein Gedanke der Menschheit sein.

Quellenangaben

1.) Abu Bakr al-Baghdadi. Empfangen am 19.01.2017 unter https://de.wikipedia.org/wiki/Abu_Bakr_al-Baghdadi
2.) Das Kaderreservoir des Diktators. Empfangen am 19.01.2017 unter http://www.spiegel.de/politik/ausland/saddams-baath-partei-das-kaderreservoir-des-diktators-a-239690.html
3.) Das Kalifat kann jetzt weg. Empfangen am 21.01.2017 unter https://www.welt.de/politik/ausland/article150592885/Das-Kalifat-kann-jetzt-weg.html
4.) Der Konflikt zwischen Schiiten und Sunniten. Empfangen am 18.01.2017 unter https://www.tagesschau.de/ausland/hintergrund-sunniten-schiiten-101.html.
5.) Der Islamische Staat. Empfangen am 19.01.2017 unter https://www.lpb-bw.de/islamischer-staat.html.
6.) Der Mann der alles falsch machte. Empfangen am 17.01.2017 unter http://www.sueddeutsche.de/politik/iraks-premier-maliki-der-mann-der-alles-falsch-machte-1.2009105.
7.) Die Baath-partei. Empfangen am 21.01.2017 unter https://de.wikipedia.org/wiki/Baath-Partei.
8.) Die Beute Ökonomie. Empfangen am 20.01.2017 unter http://www.spiegel.de/wirtschaft/islamischer-staat-so-finanziert-sich-der-is-a-1063522.html.
9.) Die Schreckensherrschaft der Dschihadisten. Empfangen am 20.01.2017 unter http://www.zeit.de/thema/islamischer-staat.
10.) Frankreich bombardiert erstmals IS-Miliz in Syrien. Empfangen am 21.01.2017 unter http://www.focus.de/politik/ausland/islamischer-staat/isis-terror-im-news-ticker-russland-gruendet-anti-terror-zentrum-in-bagdad_id_4975708.html.
11.) Islam: Was ist eigentlich ein Kalifat. Empfangen am 19.01.2017 unter http://www.wissen.de/islam-was-ist-eigentlich-ein-kalifat.
12.) Khamis al-Khanjar. Empfangen am 17.01.2017 unter http://totalwar-ar.wikia.com/wiki/Khamis_al-Khanjar.
13.) So funktioniert der Islamische Staat. Empfangen am 19.01.2017 unter http://www.spiegel.de/politik/ausland/islamischer-staat-alles-wichtige-zum-is-a-1042664.html.

14.) So hilft Deutschland im Kampf gegen den IS. Empfangen am 21.01.2017 unter http://www.faz.net/aktuell/politik/kampf-gegen-den-terror/bundeswehreinsatz-so-hilft-deutschland-im-kampf-gegen-den-is-13947231.html.
15.) Tariq al-Haschimi. Empfangen am 17.01.2017 unter https://de.wikipedia.org/wiki/Tariq_al-Haschimi.
16.) Terror in Zahlen. Empfangen am 17.01.2017 unter http://blog.zeit.de/teilchen/2016/03/23/terror-in-zahlen/.
17.) Was Schiiten und Sunniten trennt. Empfangen am 18.01.2017 unter http://www.sueddeutsche.de/politik/islam-was-schiiten-und-sunniten-trennt-1.840806.
18.) Wegen Flüchtlingskrise: Diese sechs Länder kontrollieren derzeit ihre Grenzen. Empfangen am 16.01.2017 unter http://www.focus.de/politik/ausland/eu/wiedereinfuehrung-von-grenzkontrollen-wegen-fluechtlingskrise-diese-sechs-laender-kontrollieren-ihre-grenzen_id_5222954.html.
19.) Wer bekämpft den islamistischen Terror?. Empfangen am 21.01.2017 unter https://de.sputniknews.com/german.ruvr.ru/2014_10_17/Wer-bekampft-den-islamistischen-Terror-Streitpunkt-IS-7596/.

BEI GRIN MACHT SICH IHR WISSEN BEZAHLT

- Wir veröffentlichen Ihre Hausarbeit, Bachelor- und Masterarbeit

- Ihr eigenes eBook und Buch - weltweit in allen wichtigen Shops

- Verdienen Sie an jedem Verkauf

Jetzt bei www.GRIN.com hochladen und kostenlos publizieren